E. BOIRAC

LE CONGRÈS ESPÉRANTISTE DE GENÈVE

Extrait de la *REVUE PÉDAGOGIQUE*
du 15 décembre 1906.

PARIS
LIBRAIRIE CH. DELAGRAVE
15, RUE SOUFFLOT, 15

LE

CONGRÈS ESPÉRANTISTE

DE GENÈVE

Les partisans de la langue Esperanto, réunis l'an dernier en un premier Congrès international à Boulogne-sur-Mer, s'étaient donné rendez-vous pour 1906 à Genève, et leur second Congrès, qui a duré du 27 août au 2 septembre, a eu les honneurs du compte rendu dans presque tous les journaux importants de la France et de l'étranger. De plus en plus l'Esperanto s'impose à l'attention du public, et l'intérêt, sinon la faveur, a succédé dans la presse à l'indifférence et aux railleries qu'y rencontrait hier encore la question de la langue universelle.

Nous croyons donc être agréable aux lecteurs de la *Revue pédagogique* en les mettant au courant de l'état actuel de l'Esperanto et en leur faisant connaître les principaux résultats du Congrès de Genève.

Tout d'abord, il convient de dissiper un malentendu qui a lourdement pesé jusqu'à ces derniers temps sur la question de la langue internationale et empêché beaucoup de bons esprits non seulement d'en chercher la solution, mais même de penser qu'il fût raisonnable d'en chercher une.

On s'est trop souvent imaginé qu'il s'agissait de propager une langue destinée à remplacer toutes les autres sur toute la surface du globe, à être parlée simultanément par tous les hommes au lieu et place de leurs vieilles langues nationales.

Ainsi posé, le problème ne mérite pas l'examen, car il est absurde, et toute prétendue solution qu'on en proposerait est utopique. Ceux qui s'acharnent à démontrer que la soi-disant langue universelle ne tarderait pas à se déformer, à se morceler en une

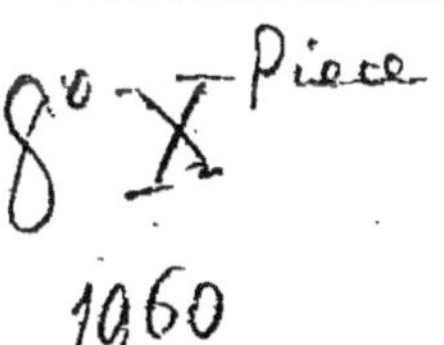

multitude de dialectes qui varieraient incessamment avec les différentes races dont se compose l'humanité, et autres thèses du même genre, enfoncent en réalité des portes ouvertes. Ce n'est pas du tout de cela qu'il s'agit.

On conçoit sans doute qu'un anthropologiste, un sociologue, puisse se demander s'il n'arrivera pas un jour où une certaine nation ayant réussi à imposer à toutes les autres sa prépondérance militaire ou économique, la langue de cette nation deviendra la langue unique et universelle — du moins officiellement — de l'humanité tout entière.

Le fait s'est déjà produit pour l'empire romain : encore le latin n'a-t-il jamais été parlé que dans une moitié de l'empire, l'empire d'Occident, l'autre moitié, l'empire d'Orient ayant le grec pour langue officielle. Peut-être certains Anglais, certains Allemands rêvent-ils pour leurs langues une aussi prodigieuse destinée.

Mais quoi qu'on puisse penser de la solution de ce problème, on conviendra sans doute qu'elle n'offre qu'un intérêt purement théorique, et en tout cas ce n'est nullement celle que poursuivent les partisans d'une langue internationale auxiliaire. Ils se placent sur le terrain non de la théorie mais de la pratique, non de l'avenir mais du présent.

Quelle langue parleront les hommes dans deux ou trois siècles? Nous n'en savons rien et, à vrai dire, au point de vue pratique et actuel, la question nous laisse tout à fait indifférents.

Ce que nous savons, en revanche, c'est qu'actuellement les hommes parlent un très grand nombre de langues différentes, de sorte que si nous voulons correspondre avec eux pour quelque fin que ce soit, commerciale, scientifique, littéraire, etc., nous sommes soumis à cette dure nécessité, soit d'apprendre simultanément leurs différentes langues, ce qui est matériellement impossible; soit de renoncer à avoir commerce avec eux, sinon par des intermédiaires (traducteurs, interprètes, etc.); soit enfin d'étudier seulement une ou deux langues, par exemple l'anglais et l'allemand, que nous n'arrivons jamais à savoir que d'une façon très imparfaite, et dont l'étude nous demande un temps énorme et de pénibles efforts, au détriment de l'étude de notre propre langue.

Dès lors n'est-il pas naturel de se demander si la solution pratique et immédiate du problème ne consisterait pas dans l'adoption d'une langue internationale, commune à tous les peuples civilisés, qui dispenserait chacun d'eux d'apprendre les langues de tous les autres? Cette solution est justement celle que nous propose l'Esperanto.

Il ne s'agit donc nullement de substituer une langue artificielle unique aux innombrables langues naturelles parlées par l'humanité : ce qui n'est ni désirable ni possible; il s'agit simplement de donner à tout homme civilisé, d'instruction moyenne ou même élémentaire, un idiome neutre qu'il puisse acquérir à peu de frais et dont il puisse se servir pour ses relations internationales.

Comme l'a dit le plus ancien propagateur de l'Esperanto en France, M. de Beaufront, « loin d'être l'ennemi de nos langues, cet idiome sera leur auxiliaire, leur suppléant dévoué mais discret, qui bornera son rôle à les remplacer dans les cas où elles ne pourront intervenir elles-mêmes. L'épithète « universelle » employée parfois pour le désigner n'implique nullement qu'il faille l'étendre aux sauvages, aux barbares, à nos bons paysans, ni à tous ceux qui n'en ont que faire. »

En d'autres termes, l'Esperanto ne se propose que comme instrument des communications *internationales*. Actuellement, redisons-le, l'homme qui voudrait entrer en relation avec des nationaux de toutes les parties de la terre devrait apprendre toutes les langues de la terre. Dans l'hypothèse où l'Esperanto serait suffisamment répandu (et il l'est déjà un peu partout, même en Australie et au Japon), il lui suffirait à la rigueur de savoir deux langues, sa langue nationale et l'Esperanto.

En fait un Espérantiste peut aujourd'hui échanger des correspondances avec des Français, des Anglais, des Allemands, des Suédois, des Russes, des Tchèques, des Bulgares, des Espagnols, des Italiens, etc., en un mot des hommes des nationalités les plus diverses, appartenant à toutes les classes sociales, présentant les degrés d'instruction les plus inégaux, sans être obligé de savoir leurs langues et sans que ses correspondants soient obligés de savoir la sienne. C'est la solution *bilingue* du problème des communications internationales substituée à la solution *omnilingue* ou tout au moins *polyglotte*, et mise, qui plus est, à la portée de tout le monde.

N'est-ce pas là une invention aussi merveilleuse en son genre que celles du téléphone et de la télégraphie sans fil et destinée comme elles à hâter les progrès de la civilisation par le rapprochement des intelligences et des activités humaines sur toute la surface de la terre?

Pour remplir un tel rôle, il faut évidemment que la langue internationale auxiliaire soit extraordinairement facile, et c'est une des raisons, sans parler de l'indispensable *neutralité*, pour lesquelles il est impossible de choisir à cet effet l'une quelconque des langues naturelles et nationales.

A ce point de vue l'Esperanto est un véritable chef-d'œuvre. Quelques heures suffisent pour en apprendre la grammaire; en quelques jours on devient capable de traduire un texte à livre ouvert; il ne faut pas plus de deux ou trois mois pour pouvoir écrire ou même parler couramment.

Les sceptiques, qui déclarent *a priori* qu'un tel miracle est impossible, oublient qu'il n'y a pas d'impossibilité pour le génie. Or plus on étudie l'Esperanto, plus on se rend compte que l'homme qui l'a créé, le modeste et encore obscur médecin de Varsovie, Louis Zamenhof, est une de ces intelligences géniales dont le nom reste attaché dans l'histoire à chacun des pas décisifs de l'humanité dans la voie du progrès.

Certes le problème d'une langue internationale artificielle immédiatement accessible à toutes les intelligences paraît au premier abord extraordinairement difficile, impossible même à résoudre; et cependant quand on connaît la solution qu'en donne l'Esperanto, on est presque tenté de croire que rien n'est plus simple et plus facile. C'est l'histoire de l'œuf de Christophe Colomb. Mais prenons-y garde, les hommes de génie sont seuls capables de trouver ainsi des solutions que l'on croyait d'abord impossibles et qui paraissent toutes naturelles aussitôt qu'ils les ont découvertes.

Zamenhof est parti de cette idée, qui est en quelque sorte une idée de bon sens, que pour faire une langue artificielle vraiment internationale il faut autant que possible employer des éléments naturels qui soient déjà eux-mêmes internationaux. C'est l'application de ce principe qui explique en partie la prodigieuse facilité de l'Esperanto.

Le vocabulaire, en effet, s'y compose de racines ou pleinement internationales, comme *atom*, *elektr*, *form*, *teatr*, *adres*, etc., ou du moins communes à un plus ou moins grand nombre de langues et présentant en quelque sorte le maximum d'internationalité possible. Comme les radicaux latins se retrouvent à la fois dans les langues romanes (français, espagnol, italien, etc.), et dans l'anglais, il en résulte que l'Esperanto, au point de vue du dictionnaire, est une langue aux trois quarts latine. Laissant tomber toutes les parties mortes, déclinaisons, conjugaisons, syntaxe proprement latine, etc., il a pris, pourrait-on dire, du latin cela seul qui en a survécu, ce fonds international de racines où puisent plus ou moins toutes les langues modernes du monde civilisé.

Sur 2 600 racines que contient l'*Universala Vortaro* (Dictionnaire universel de Zamenhof) un Français en connaît d'avance près de 1 500; s'il sait du latin, il en connaît plus de 2 000; enfin s'il a quelque teinture du vocabulaire allemand ou anglais, il les connaît toutes, à quelques unités près.

Aussi l'étude de l'Esperanto échappe-t-elle à l'objection que l'on peut faire à toute autre langue artificielle, par exemple au volapuk ou à la langue bleue (bolak).

A quoi bon, dira-t-on, se charger la mémoire d'une langue nouvelle inconnue, qui ne réussira peut-être pas à se propager, que l'on n'aura peut-être l'occasion d'employer avec personne? Est-il bien nécessaire d'ajouter encore une pierre à la tour de Babel, un idiome à l'innombrable multitude de ceux entre lesquels se partage le genre humain?

A cette objection il est facile de répondre que l'Esperanto ne superpose pas une langue nouvelle aux langues déjà existantes, mais qu'il extrait seulement de ces langues tout ce qu'elles ont de commun pour en faire un idiome vraiment international. Dès lors, même dans l'hypothèse — actuellement déjà démentie par les faits — où il ne réussirait pas à se propager, ceux qui l'étudient ne perdent pas pour cela leur temps et leur peine, car il leur en restera toujours au moins la connaissance des racines empruntées par l'Esperanto aux langues autres que leurs langues maternelles.

N'en concluons pas, comme l'ont fait certains esprits malavisés, que pour apprendre l'Esperanto il faille au préalable apprendre toutes ces langues. L'Esperanto s'apprend directement, mais en l'apprenant on se trouve apprendre du même coup, et pour ainsi dire à son insu, des portions plus ou moins considérables de ces langues.

La seconde cause de l'extrême facilité de l'Esperanto est la simplicité de sa grammaire, qui peut tenir tout entière en quelques lignes. Par un système très ingénieux de terminaisons et d'affixes, toute confusion, toute erreur grammaticales sont rendues impossibles, en même temps qu'une multitude infinie de dérivations et de compositions permettent d'exprimer les plus diverses et les plus fines nuances de la pensée.

Ainsi tout mot terminé par la voyelle O est un subtantif; l'A est la marque invariable de l'adjectif; l'E de l'adverbe; l'I du verbe à l'infinitif. D'où cette conséquence que qui sait un mot en Esperanto en sait quatre par cela même. Par exemple, la racine *lum* (prononcée *loum*) donne, pour ainsi dire, mathématiquement *lumo*, lumière; *luma*, lumineux; *lume*, lumineusement; *lumi*, luire. Pareillement la conjugaison, qui est identique pour tous les verbes, se réduit à six terminaisons : *as* pour l'indicatif présent; *is* pour le passé; *os* pour le futur; *us* pour le conditionnel; *u* pour l'impératif; et *i*, que nous connaissons déjà, pour l'infinitif. *Mi skribas*, j'écris; *li skribis*, il écrivait, ou il a écrit; *ni skribos*, nous écrirons; *vi skribus*, vous écririez; *skribu*, écrivez; *skribi*, écrire. De même enfin il suffit d'une trentaine d'affixes pour faire sortir d'une racine donnée toute la série des mots secondaires par lesquels s'expriment les différentes modifications de l'idée générale exprimée par la racine. Ainsi avec le suffixe *ar* qui signifie collection d'objets de même espèce, on forme *arbaro*, forêt; *bovaro*, troupeau de bœufs; *vagonaro*, train de chemin de fer; *abelaro*, essaim d'abeilles, etc.; avec le suffixe *il*, qui signifie instrument, on forme *kudrilo* (pr. koudrilo), aiguille de (*kudri* coudre), *flugilo* (pr. floughilo), aile (de *flugi*, voler); *kombilo*, peigne (de *kombi*, coiffer, etc.).

Cette structure de l'Esperanto en fait une langue d'une richesse extraordinaire, plus riche à certains égards non seulement que le français, mais même que l'anglais, l'allemand ou le grec ancien, se prêtant avec une aisance parfaite à l'expression de toutes les idées, même les plus délicates et les plus subtiles.

Aussi l'Esperanto s'adapte-t-il non seulement aux usages de la vie courante, aux besoins du commerce, à la correspondance familière, mais même à l'expression des idées philosophiques et scientifiques comme le prouve l'existence d'une revue scientifique tout entière rédigée en Esperanto que publie la librairie Hachette, *Internacia Scienca* (prononcez *Sciença*) *Revuo*. L'auteur de cet article a lui-même vérifié la souplesse de l'Esperanto en traduisant dans cette langue la *Monadologie* de Leibniz, c'est-à-dire une des œuvres philosophiques les plus abstraites qui soient au monde. Les services que la langue du Dr Zamenhof peut rendre — et qu'elle rend déjà — au tourisme, au commerce et à la science sont donc incontestables, et ils iront se multipliant à mesure que la langue elle-même se répandra.

En ce qui concerne la valeur et le rôle littéraires de l'Esperanto, deux opinions absolument contradictoires sont en présence.

Les uns reprochent à l'Esperanto d'être une langue sans littérature. Nous attendrons, disent-ils volontiers, pour nous y intéresser, qu'on nous présente des chefs-d'œuvre littéraires composés en Esperanto. Jusque-là nous nous refuserons à tenir aucun compte d'un idiome uniquement destiné à des fins aussi mesquines, aussi terre à terre que la science, le commerce ou le tourisme. — Ne pourrait-on répondre à ces beaux esprits que de telles fins tiennent pourtant dans la vie de l'humanité une place au moins aussi importante que la poésie ou le roman, et que même une langue qui leur serait uniquement consacrée ne serait pas déjà si méprisable ?

Mais en fait l'Esperanto est parfaitement en état de jouer un rôle littéraire. Comme l'ont dit très justement les auteurs de l'*Histoire de la langue universelle*, MM. Couturat et Leau[1], « l'Esperanto n'est pas une langue artificielle figée et morte, simple décalque de nos idiomes ; c'est une langue autonome, qui possède des ressources intrinsèques et illimitées, qui a une physionomie originale et un « esprit propre », une langue capable de vivre, de se développer, et de dépasser en richesse, en souplesse et en variété les langues naturelles ; enfin c'est une langue susceptible d'élégance et de style, si l'on admet que la véritable élégance consiste

1. Paris, Hachette.

dans la simplicité et la clarté, et que le style n'est que l'ordre qu'on met dans l'expression de sa pensée ».

Mais aussitôt s'élèvent les protestations de ceux qui prétendent réserver aux seules langues nationales le privilège, on pourrait presque dire le monopole de la littérature. Nous voulons bien, disent-ils, reconnaître l'utilité de l'Esperanto, nous intéresser même à son avenir, mais à la condition expresse qu'il reste une langue purement commerciale et scientifique, exclusivement bornée à des usages pratiques; nous le combattrions résolument s'il devait afficher la moindre prétention littéraire. La littérature doit rester le domaine intangible des langues nationales; car seules ces langues, œuvres des races et des siècles, peuvent exprimer fidèlement le génie d'une nation ou d'une époque.

Ainsi tout à l'heure on rejetait l'Esperanto, parce qu'il n'était pas et ne pouvait pas être une langue littéraire; on le rejetterait maintenant par crainte qu'il pût un jour le devenir. Comme il est donc malaisé de contenter tout le monde!

Il est bien certain que l'Esperanto n'a pas été créé pour servir à la littérature, pas plus d'ailleurs qu'aucune des langues pour lesquelles on semble redouter aujourd'hui sa concurrence; et pendant bien longtemps encore sa principale, sa seule utilité sera de faciliter les relations internationales sur le terrain du commerce, de la science et de la vie pratique en général. Mais pourquoi lui interdire *a priori* tout autre rôle, ou, pour mieux dire, pourquoi défendre à l'humanité de s'en servir pour d'autres usages, s'il lui en offre la possibilité et si elle en éprouve le besoin?

Il y a tout au moins une fonction littéraire, d'ordre subalterne il est vrai, mais très utile, indispensable même, que l'Esperanto peut remplir, qu'il remplit déjà supérieurement : c'est la *traduction*. Actuellement, lorsque paraît une œuvre littéraire susceptible d'intéresser, non seulement les lecteurs qui parlent la langue dans laquelle cette œuvre a été écrite, mais le public du monde entier, on doit la traduire en autant de langues différentes qu'il y a de pays entre lesquels se partage ce public et nécessairement toutes les traductions diffèrent plus ou moins les unes des autres et de l'original; car chaque langue et chaque traducteur y ajoutent leurs empreintes propres. Avec l'Esperanto, une seule traduction suffirait pour tous les pays étrangers; et cette traduction pourrait être faite dans le pays d'origine par un compatriote, par un ami de l'auteur, souvent par l'auteur même. N'y a-t-il pas là de précieuses garanties d'uniformité et d'exactitude? Pour ma part, ne sachant pas le russe, j'éprouve une sensation littéraire beaucoup plus intense et plus originale en lisant telle œuvre de Tolstoï, de Pouchkine, de Garchine, etc., traduite en Esperanto par un Russe, que lorsque je lis cette même œuvre traduite en français par un Français; et la comparaison des deux traductions, toutes les fois où j'ai pu la faire, m'a invariablement montré que la traduction Esperanto était plus riche et plus précise que la traduction française. Ajoutons que, chaque langue ayant ses habitudes, son esprit souvent très particulier, telle traduction littérale d'un passage anglais en français, pourra être en même temps pour un Français parfaitement intelligible et horriblement choquante; ce même lecteur n'en serait nullement choqué dans une traduction en Esperanto, parce que la seule loi suprême de l'Esperanto est la clarté. En fait la littérature Espérantiste consiste surtout jusqu'ici en traductions; mais ces traductions sont déjà assez nombreuses pour constituer une véritable bibliothèque internationale où figurent Homère, Virgile, la Chanson de Roland, Shakspeare, Racine, Molière, lord Byron, Gœthe, Schiller, et de nombreux écrivains russes et polonais.

L'Esperanto produira-t-il jamais quelque grande œuvre littéraire originale? C'est le secret de l'avenir que nul ne peut se flatter de deviner. Certaines pages de Zamenhof, sa lettre sur l'origine de l'Esperanto, ses discours aux Congrès de Boulogne et de Genève, laissent une impression de beauté noble et fière, parfois très voisine du sublime; et les idées, les sentiments exprimés dans ces pages semblent bien inséparables de la langue qui leur sert d'expression, puisqu'ils passent comme elle par-dessus les frontières des différents peuples et visent comme elle la vie commune et totale de l'humanité. N'est-il pas évident qu'à mesure des progrès futurs de la civilisation dans le monde, la conscience de tout homme vraiment homme, sans rien perdre des idées et des sentiments qui lui viendront de sa nation et de sa société particulière, s'élargira de plus en plus pour faire une place toujours plus ample aux idées et aux sentiments qui lui viendront de la grande société internationale et humaine? A ce moment une littérature internationale pourra se superposer aux littératures nationales qu'elle complétera sans les remplacer et par conséquent sans les détruire. C'est là ce que M. de Beaufront a très bien indiqué dans le passage suivant où, après avoir parlé de la triple fraternité qui découle parmi les hommes de leur communauté d'origine : fraternité de la famille; fraternité du clan plus ou moins étendu, allant jusqu'au groupement national; enfin fraternité humaine sans bornes ni frontières, aussi vaste que l'espèce même, il ajoute :

« La fraternité de la famille et celle du clan, qui en est l'extension immédiate, ont l'une et l'autre leur organe dans la langue maternelle, elle en exprime les sentiments et les idées, en raconte l'histoire, en dit les aspirations et les espérances. — Seule jusqu'ici depuis des siècles, la fraternité humaine a été privée d'organe; elle n'a pu qu'exprimer d'une manière bornée, et à l'aide d'idiomes qui ne sont pas faits pour elle, ses idées, ses sentiments propres, ses aspirations et ses espérances. N'est-il pas temps qu'elle ait aussi sa langue? N'est-il pas temps que cette langue, fille, sœur, auxiliaire de toutes les nôtres, mette fin à la situation ridicule d'une fraternité sans organe, d'une fraternité de sourds-muets? Non certes, l'Esperanto, langue de la fraternité humaine, ne ruinera aucun de nos idiomes, mais il donnera à des frères le moyen de se comprendre et peut-être de s'aimer. » Or qui pourrait prétendre qu'entre les mains d'un homme de génie cette langue de la fraternité humaine ne donnera jamais naissance à quelque grande œuvre littéraire?

Mais quelques services que l'Esperanto puisse rendre comme langue écrite, l'épreuve la plus redoutable qu'il ait à subir est sans contredit celle de l'usage oral. Des individus accoutumés à parler des langues nationales d'intonations si différentes peuvent-ils réaliser une prononciation internationale suffisamment uniforme pour réussir à se comprendre grâce à l'Esperanto ? On pouvait en douter *a priori*; mais l'expérience du Congrès de Boulogne a levé tous les doutes. Pendant quatre jours des orateurs de toutes les nationalités ont parlé et discuté pendant des heures devant un auditoire international, aussi librement, aussi clairement que si chacun d'eux s'était exprimé dans sa langue maternelle. Devant le même auditoire le *Mariage Forcé* a été joué par dix acteurs de nationalités différentes, avec un succès attesté par les rires et les applaudissements des spectateurs. Cette expérience, le Congrès de Genève l'a renouvelée et confirmée. Non seulement, comme à Boulogne, l'Esperanto a servi d'instrument aux discussions sur les questions les plus variées, soit dans les séances du Congrès, soit dans les nombreuses réunions particulières des divers groupes, journalistes, médecins, professeurs, avocats, mathématiciens, etc. ; non seulement il a été déclamé et chanté dans les représentations théâtrales et les concerts où les congressistes se distrayaient chaque soir après les travaux de la journée; mais il a été pendant une journée entière la seule langue d'une véritable cité improvisée, où près de mille personnes, venues de plus de vingt contrées différentes, ont vécu séparées du reste du monde mais unies entre elles par le commun usage de l'idiome de Zamenhof. Cette curieuse expérience a eu lieu le jeudi 30 août, à l'occasion de l'excursion à Vevey. Ce jour-là les congressistes, au nombre de plus de neuf cents, se sont embarqués dès le matin sur le *Winkelried* où seuls le capitaine et les matelots ignoraient l'Esperanto, et pendant la traversée, à l'aller comme au retour, Français, Anglais, Allemands, Russes, Suédois, Espagnols, Italiens, Tchèques, Hongrois, Finlandais, etc., ont eu à chaque instant l'occasion de s'aborder, de faire connaissance les uns avec les autres, de s'entretenir des sujets les plus divers, sans être à aucun moment gênés par la diversité de leurs langues nationales ; car ils ne parlaient tous qu'une seule et même langue, et dans le navire qui les portait sur le lac Léman ils pouvaient se faire l'illusion qu'ils n'étaient plus en Suisse, ni même en Europe, mais dans quelque île flottante d'un idéal pays d'Esperanto. La preuve est donc désormais acquise de la possibilité d'une entente, par le moyen d'une langue internationale auxiliaire, entre des hommes parlant dans leurs pays des langues absolument dissemblables.

L'an prochain, le Congrès doit se réunir en Angleterre, vraisemblablement à Cambridge, en attendant qu'il se réunisse en 1908 en Allemagne, à Francfort-sur-le-Mein; car l'impulsion est maintenant trop forte pour que le mouvement puisse s'arrêter, et l'Esperanto est visiblement en marche pour faire le tour du monde. Après chacun de ses congrès les préjugés se dissipent, les objections tombent, les résistances s'affaiblissent; et d'autre part la curiosité s'éveille, l'intérêt grandit, les sympathies se multiplient, les concours affluent de tous côtés. A Boulogne l'ardente et habile propagande de M. Michaux avait en quelque sorte assuré d'avance le succès du Congrès de 1905 : un bon tiers des Congressistes habitait Boulogne même ou les environs. A Genève, il faut bien le dire, l'Esperanto, avant l'ouverture du Congrès de 1906, n'était guère pris au sérieux par les Genevois eux-mêmes : à peine la Suisse fournit-elle une cinquantaine d'adhérents. Mais l'arrivée d'un si grand nombre d'étrangers portant tous l'étoile verte à la boutonnière, l'évidente facilité avec laquelle ils se comprenaient entre eux, les comptes-rendus des séances auxquelles la presse et le public suisses prenaient comme malgré eux un intérêt croissant de jour en jour, tout cela finit par vaincre la froideur presque malveillante du début, et lorsque les congressistes se séparèrent, l'Esperanto avait fait à Genève des conquêtes éclatantes, non pas seulement dans la foule, mais au sein de l'Université, dont les professeurs les plus éminents n'hésitèrent pas à se déclarer publiquement en sa faveur.

Aussi peut-on prévoir le jour où la question de l'introduction de l'Esperanto dans les programmes de l'enseignement public se posera dans plus d'un pays en Europe. Déjà en Angleterre, la Chambre de commerce de Londres a admis l'Esperanto parmi ses concours de langues vivantes et a délivré l'an dernier cent cinquante diplômes. Lors de la réception des universitaires français par l'Université de Londres en juin 1906, M. Lough, ministre de l'Instruction publique près la Chambre des communes, fit au Foreign Office, devant un auditoire de professeurs anglais et français, un très chaleureux éloge de la langue internationale. En France, un député, M. Lucien Cornet, a déposé, vers la fin de la dernière législature, une motion, qui sera peut-être reprise, pour que l'Esperanto soit enseigné dans tous les établissements d'enseignement public sur le pied d'égalité avec les langues vivantes déjà inscrites aux programmes, anglais, allemand, italien, espagnol, etc. Peut-être est-ce demander beaucoup. Peut-être serait-il plus sage de se borner à reconnaître et régulariser ce qui existe déjà sur quelques points et qui se généraliserait sans doute rapidement dès que cette nouvelle organisation serait suffisamment connue du public. L'Esperanto, en effet, est déjà enseigné dans un certain nombre de nos établissements, lycées, collèges, écoles primaires supérieures ou élémentaires, avec l'autorisation des inspecteurs d'Académie et des recteurs, souvent à la demande des municipalités. Pour développer cet enseignement d'une façon régulière, il suffirait, croyons-nous, de décider : 1° que l'Esperanto figurera dans les divers programmes d'examens qui comportent déjà des langues vivantes, brevet supérieur, baccalauréats, etc., simplement comme langue facultative, additionnelle et complémentaire, sur laquelle le candidat pourra demander à être interrogé, les points obtenus en Esperanto entrant en ligne de compte comme appoint; 2° que l'Esperanto sera enseigné, autant que possible, par les professeurs de langues vivantes déjà chargés de l'enseignement de l'anglais, de l'allemand, etc. L'Esperanto, en effet, comme beaucoup d'entre eux ont pu déjà s'en rendre compte, est moins une langue nouvelle qu'une synthèse des langues romanes et des langues germaniques adaptée à l'usage international des peuples civilisés. Il représente donc pour tous ceux qui connaissent déjà ces langues, même partiellement, un minimum d'effort supplémentaire qui, selon la juste remarque de Tolstoï, est plus que compensé par l'importance des profits qu'on en peut attendre.

Quelques avantages que l'étude de l'Esperanto puisse apporter à tous les ordres d'enseignement, c'est surtout, à notre avis, l'enseignement primaire qui est appelé à en retirer les plus appréciables bénéfices. Jusqu'ici, en effet, cet enseignement était à peu près exclu de la connaissance des langues vivantes, aussi bien d'ailleurs que des langues mortes, et borné à la seule étude de la langue maternelle. Or le peuple n'a-t-il pas besoin, tout comme la bourgeoisie, de moyens de communication internationale? Mais pour apprendre l'anglais ou l'allemand, il faut consacrer à cette étude de nombreuses années, à moins qu'on aille faire un plus ou moins long séjour à l'étranger, ou qu'on ait des nourrices, des gouvernantes étrangères pour apprendre ces langues dès le berceau. Ces dépenses de temps et d'argent ne sont à la portée que d'un petit nombre. L'Esperanto, qui au prix de quelques mois d'études, supprime les barrières linguistiques entre tous les hommes, est la vraie solution *démocratique* du problème des langues vivantes. D'autre part on a pu dire sans trop d'exagération que l'Esperanto était le *latin de la démocratie*. A moins de frais, en effet, que la langue de Cicéron et de Virgile, il offre à toutes les intelligences un merveilleux instrument de comparaison et d'analyse pour l'étude approfondie de la langue maternelle. L'enseignement primaire peut en recevoir à ce point de vue des services analogues, sinon équivalents, à ceux que le latin et le grec ont rendus jusqu'ici à l'enseignement secondaire.

Ainsi le Congrès de Genève n'aura pas eu seulement ce résultat de donner à l'Esperanto un sentiment plus énergique de sa vitalité propre en même temps que des organes (tels qu'un *Comité linguistique international* et un *Bureau international des Congrès*) destinés à assurer et diriger ses développements futurs; il aura surtout contribué à imposer définitivement l'Esperanto à l'attention générale, peut-être même à hâter le moment où une place lui sera faite dans l'enseignement public des principales nations civilisées.

E. Boirac.

1901-06.— Coulommiers. Imp. Paul BRODARD.— 1-07.

COULOMMIERS
Imprimerie PAUL BRODARD.

www.ingramcontent.com/pod-product-compliance
Lightning Source LLC
LaVergne TN
LVHW010019230826
846092LV00002B/897